7	1	3	2		
		3						
	9			8			4	
							7	
8			5	2				
3	1			4		6	8	
6			2			1		3
		4		7				6
				3			9	

		8					6	5
						6	5	
		4		5		2		
			7		9			5
	9		8	1				
		6		3	5			1
3			9	7				8
5	6		3	8		4		
	7	9			1			

		1	2	5				
5	9	7				2		
		3	7	8	9			5
	4				6			2
2		9		7		4	6	
8								
						6	8	
				4			2	
			9			3		7

4	7		5					
					9		4	
5	8		7		4			
	3					8	2	
		4		3				
	1		9		7			
				9	5		6	
			6		3			
9	5		4			2	1	

5	9				3			
			9			2		
8	1		2				5	
	7					3		
1		5						6
9	8							7
7			5	1				
			6	3			4	
4			8		7		6	

	3	4	9	8				
	6	7				8		
		1	4		7		9	
3			2		1		6	
			5					
	4			9				
					2	1		7
						6	4	
8					6	2		

7			2		8			
2	4		9			6		
9					1			3
1				6		5		
				4				
	6							
				1	5			
	2		8		6		4	
5		1		2		7	9	

	9			5	8		3	
	7		5		8			
	5	6			9		1	
4							2	
		3					4	8
				8	7			
3			2	4	6	5		
							9	
	2	1	5					4

		6		9			2	
		3				5		1
1				6				8
9			3					
2	3		4				7	
				1	2			
	1			8			9	
		2	9		5			
3	7				1		4	

8	1					9		7
	9			4	5		2	6
		4						
		6	1		7			
			2	9	4		6	
								1
1					9			
2						6		3
3						7		4

8			5		3		1	
1		3	4		6		7	
4				9				
		7						3
2	4	8			9			
5			8			7		2
6			2					
		5	1			8		
						5		

9				3				1
	4				6		5	
							9	2
	2		7					
3					1		6	
	1		2		4		8	5
8					5	4	2	
	3			6			7	
				2				9

	2						3	4
9	4		1			8		
		3	6				7	5
		9					5	
1	6							7
					6			
		5	3		2		9	
	3			1	5		6	8

		2	8				1	
6	3				2		7	
8		4		6			5	
	1	5			6			
	7	8	2	9				
		9		2				3
				3	9	7	8	4
					1			

	2				4			5
		3	5	7				
	9							
		8		5	2		4	
	6				1		2	7
					4			
6	1		9		3	7		
		7	8			1	9	3

		7	4	9				
			5			9	6	
							7	
2	4				1			
			9		3			2
1		3			6	7	8	
6						1	9	
			8	2				
	5						3	

					3	5	7	
2			5					6
3				8		1		2
				3			6	
			9	4			5	3
5				6			9	7
7	9			1				5
					8			
	2				4		1	9

				4		3		
8		3				7		
	5	6				9		
6		2						
		7	6			4	2	9
	3				7	5		
7		5		3	2			
1					4			
	4		9		1			

	2	3		1			7	
	7			2	6			
		9						
2	4			3	1	5		6
			4		8			
				6		3	4	
5	6	2			3			
	1			7				
				5	4	6		

1	3				2	6		
	4	6				3		
							7	
	9	4	6				8	
	1			8			4	
				3	5			6
							2	5
	1	3		7		9		4
8						7		

	8							
1					6			
				2				
	7	5		4		9	6	1
				5	7			
9			3					8
7	2				9	4		
8	5					1		
			8			6		9

						9		
			8	6		7		2
5	6	3	9			8		
	9		7			4		1
4	1				5			
		6			1		9	
		6			1			5
		2		9		3	8	4

			1					
	5				8			
2	8			6				7
		1						
		9	3			7	2	
5					4		1	
			9	2				
	7	4			5	9		
3				7	6		8	1

				1	6			8
2	3				4			1
					2			
	2	9	7	8		5		
7						8	6	
		5					1	2
				4	3	9		
5	8			6			3	
	9							

<table>
<tr><td>6</td><td>2</td><td></td><td></td><td></td><td>7</td><td></td><td>3</td><td></td></tr>
<tr><td></td><td></td><td>1</td><td>4</td><td>2</td><td></td><td></td><td></td><td></td></tr>
<tr><td></td><td></td><td>7</td><td></td><td></td><td></td><td></td><td>1</td><td></td></tr>
<tr><td></td><td></td><td></td><td></td><td></td><td></td><td></td><td></td><td></td></tr>
<tr><td>4</td><td>5</td><td></td><td></td><td>6</td><td></td><td></td><td></td><td>7</td></tr>
<tr><td>9</td><td></td><td>3</td><td></td><td></td><td>5</td><td></td><td>2</td><td></td></tr>
<tr><td></td><td>3</td><td></td><td></td><td></td><td></td><td></td><td>9</td><td>6</td></tr>
<tr><td></td><td></td><td>9</td><td></td><td></td><td></td><td></td><td></td><td>8</td></tr>
<tr><td></td><td>8</td><td></td><td>5</td><td></td><td></td><td></td><td></td><td>4</td></tr>
</table>

7	8		7	1				
			5		3	1		
	4			9			6	
4	7	1				2		6
6			3					7
9						5	8	
			8				4	
	2	6		4				

3				2		8		
				1				9
8		2	3				6	5
	5			9	8			
					4			
			6					
			2		1		8	
7	6	3				5	2	
			7					4

					4			5
1	8	7			2		3	
	4				6			
3		9					8	
7				8		9		3
								6
	2	8		9		7		
			6					
	3		4		1			

			6				1	3
					5	9	7	
	5	7		8	3			6
	4							
1							9	
	7							
2		3	7		4			5
	1		2	5	8		6	
5								

		6			7	1	9	
				8				
						4	5	
		8	3		2		7	
			4		6			
1			5			6		9
6	5				3	9		4
		9					1	
			9			7		2